AF451877

LA JOUEUSE,

DRAME,

EN TROIS ACTES ET EN VERS,

Par M. LE BRUN.

REPRÉSENTÉE pour la première fois sur le Théâtre du Palais-Royal , le Mercredi 17 Juin 1789.

A PARIS,

Chez CAILLEAU, Imprimeur-Libraire, rue Galande, n°. 64.

1 7 8 9.

PRÉFACE.

Un Roman, dont je lus le précis, il y a un an, daus le Journal de Paris, ma fourni l'idée de cette Pièce. Je n'ai pas lu le Roman, j'en ai oublié le titre, & comme on ne me fera pas l'honneur de rendre compte de mon Drame, il eſt probable que j'ignorerai longtems les rapports qui exiſtent entre les deux ouvrages.

A MONSIEUR
DE MONVEL.

MON AMI.

En vous offrant un ouvrage que vous faites si bien valoir, je satisfais à la reconnoissance & je cède à l'impulsion des sentimens d'estime & d'amitié que vous m'inspirez déjà. Puissiez vous, pour l'intérêt du public & pour le mien, exercer long-tems ce talent qui séduit à si juste titre. Il assure les plaisirs de l'un & les succès de l'autre.

LE BRUN.

PERSONNAGES.   ACTEURS.

PERSONNAGES.	ACTEURS.
Monſieur DE LIMEUIL.	*M. Monvel.*
Madame DE LIMEUIL.	*Mad Roubaud-Vermilly.*
ANGÉLIQUE, fille de M. de Limeuil.	*Mad. St. Clair.*
VALVILLE, amant d'Angélique.	*M. St. Clair.*
LE MARQUIS DE MON-FORT.	*M. Châtillon.*
MARTON, femme de Chambre de Madame de Limeuil.	*Mad. Dambly.*
UN LAQUAIS.	

La Scene eſt d Paris chez M. de Limeuil.

Avis pour la Province.

M. de Limeuil eſt père noble.

Mad. de Limeuil & le Marquis de Monfort ſont premiers rôles.

Angélique & Valville ſont ſeconds rôles.

LA JOUEUSE,
DRAME,

ACTE PREMIER.

Le Théâtre repréfente un fallon, à la droite eft un Secré-taire, fur lequel font des reftes de bougies allumées. M. de Limeuil eft enfoncé dans un fauteuil, & marque fon impatience & fon inquiétude.

SCENE PREMIERE.

M. DE LIMEUIL, *feul.*

ELLE ne revient pas….. déjà la nuit s'avance…..
Je compte les momens, & mon impatience
Appelle en vain l'objet qui règne fur mon cœur.
Son funefte penchant a détruit la douceur
De ces premiers momens, dont le fouvenir même
Calmerait mes chagrins, fi le péril extrême
Où l'expofe le jeu ne me défolait pas.

A 3

Elle est sage, il est vrai ; mais elle a tant d'appas.....
Il est tant de dangers pour l'inexpérience !
Mon épouse au tombeau, je crus que la prudence,
Ma fille encore enfant, mon bonheur personnel
Sur les pas de l'hymen m'entraînaient à l'autel.
L'amour fixa mon choix. O toi, qui m'es si chère,
Je croyais te donner une seconde mère ;
Je me suis bien trompé, je le sens, je le vois....
Mais le devoir, au moins, n'a pas perdu ses droits,
J'ose encor l'espérer.... modére tes allarmes,
Ne préviens pas les coups & renfermes tes larmes,
Commande à ta tendresse, époux infortuné,
Sers toi de ton pouvoir... . Combien il est borné,
Quand il faut l'exercer sur une épouse aimable
Qu'on chérit tendrement ! ... je m'en trouve incapable.
Fatal amour du jeu, dans le plus droit des cœurs
Comment ont pénétré tes desirs, tes fureurs ?
Que deviendront les fruits d'un second hymenée
Si par les passions leur mère est entraînée,
Qu'elle s'oublie au point de dissiper leur bien ?
Pour assurer leur sort, je dois n'épargner rien.
Armons-nous de courage, & d'un esprit plus ferme
A ses erreurs enfin osons poser un terme ;
Sachons dans son principe arrêter le poison,
Et par les sentimens la rendre a la raison.

SCENE II.

M. DE LIMEUIL, ANGÉLIQUE.

ANGÉLIQUE, *avec intérét.*

QUOI ! vous veillez encor ? Qu'avez-vous donc, mon pere ?

M. DE LIMEUIL.

Ma fille, je n'ai rien.... J'attendais votre mère.

ANGÉLIQUE.
Vous l'attendez souvent.

M. DE LIMEUIL.
Il est vrai.

ANGÉLIQUE.
Si j'osais.

M'expliquer librement....

M. DE LIMEUIL.
Parlez.

ANGÉLIQUE.
Je vous dirais,

Que je tremble qu'enfin...

M. DE LIMEUIL.
Ton père te devine.

Valville aura parlé, le délai le chagrine,
Pour attendre longtems il est trop amoureux.
Tu voudrais....

ANGÉLIQUE.
Je voudrais que vous fussiez heureux!
Je le desire en vain. Vos veilles & vos craintes.....

M. DE LIMEUIL.
Mes craintes !

ANGÉLIQUE.
Oui, Monsieur, sur votre front empreintes
Elle percent déja malgré tous vos efforts.
Les chagrins que l'on tait sont toujours les plus forts.
Vous me les confieriez s'ils étaient ordinaires
Et c'est leur excès seul.....

M. DE LIMEUIL.
Ce sont quelques affaires
Qui m'occuppent un peu.

ANGÉLIQUE, peinée.
Vous voulez me tromper.
Vous retenez l'aveu prêt à vous échapper
Daignez ouvrir votre ame à votre tendre fille.
Si vous me la fermez, à qui dans la famille
Donnerez vous le droit de calmer votre cœur
Quand ma mère mourut, votre vive douleur

Fut, j'ose m'en flatter, par moi seule adoucie.
Rappellez vous mes soins.

M. DE LIMEUIL.
Ah ! je les apprécie.

Mais je n'avais que toi, mon enfant, & convien
Que les tems sont changés.

ANGÉLIQUE.
Eh, ne suis-je plus rien,

Parce que vous avez une seconde épouse ?
Pour la première fois, ah ! je serais jalouse
Des tendres sentimens qu'elle sait inspirer,
Si vous souffrez des maux que je doive ignorer.

M. DE LIMEUIL.

Non, je ne souffre pas Gardez-vous de le croire.

ANGÉLIQUE.

Vous vous cachez de moi. Ma cruelle mémoire
Me retrace toujours ces plaintes, ces soupirs
Qu'arrache à votre cœur.... Cédez à mes désirs :
C'est le plus tendre amour, hélas, qui vous implore.

M. DE LIMEUIL à part.

Ah ! je vais me trahir, si je l'écoute encore.
Haut.
Je voudrais être seul, ma fille, laissez-moi.

ANGÉLIQUE.

Vous voulez être seul. Ah ! je vois bien pourquoi.
Vous craignez que mon cœur trop tendre & trop sensible
Ne l'éprouve avec vous ce sentiment pénible
Dont vous a pénétré l'aveugle amour du jeu.....
Vous ne répondez pas..... Se taire est un aveu.
Permettez que du moins je partage vos peines.
Votre silence encore ajouterait aux miennes.
Parlez à votre fille, elle est à vos genoux.
Par grace, parlez lui.

M. DE LIMEUIL.
Ma fille, levez vous.

Je sens ce que je dois à cet amour si tendre
Qui vous guide vers moi. Si je pouvais m'y rendre
J'aurais déjà parlé. Gardez vous d'insister.
Peut-être ai-je un secret qu'il vous faut respecter.
Si vous voulez enfin obliger votre père,

Quelques foient vos foupçons, ménagez une mère.
À vos égards, ma fille, elle a des droits facrés.
Les cœurs juftes & bons font toujours modérés :
Ne l'oubliez jamais. Si je fouffre en filence,
Vous devez m'imiter. Souvent une imprudence
A caufé bien des maux. Dans cette occafion
Vous n'avez qu'un parti, c'eft la difcrétion,
A'lez, & fi je peux croire à votre prudence,
Vous me la prouverez par votre obéiffance.

ANGÉLIQUE.

Si vous me l'ordonnez.....

> *Son père lui fait figne de fortir.*

Je me retire donc ?

M. DE LIMEUIL.

Qui, vous m'obligerez. Faites venir Marton.

SCENE III.

M. DE LIMEUIL, *feul.*

JE brûlais de parler. J'ai dû, je dois me taire;
Un époux honnête homme eft le dépofitaire
De l honneur de fa femme. Il faut être infenfé,
Pour découvrir le trait dont fon cœur eft bleffé,
Pour livrer au mépris la moitié de foi-même
Et doubler fes tourmens par ceux de ce qu'on aime

SCENE IV.

MARTON, M. DE LIMEUIL.

MARTON.

Monsieur veut me parler?
M. DE LIMEUIL.
Oui.

MARTON.
Que me voulez-vous?

M. DE LIMEUIL.
Madame va rentrer.

MARTON.
Mais soit dit entre nous,
Elle rentre un peu tard.

M. DE LIMEUIL.
N'importe, il faut l'attendre.

MARTON.
Eh bien, je l'attendrai.

M. DE LIMEUIL.
Quelqu'un l'est venu prendre?

MARTON.
Le Marquis de Monfort.

M. DE LIMEUIL.
Ce joli Cavalier,
Qui raisonne de tout?

MARTON.
Il devient familier.

M. DE LIMEUIL.
Puisqu'il plaît à Madame, il doit être estimable.

MARTON
Oh! sans difficulté.

M. DE LIMEUIL.
Si vous étiez capable
De vous imaginer.....

DRAME. 11

MARTON.

Je n'imagine rien.

M. DE LIMEUIL.

Taisez-vous.

MARTON.

Je me tais.

M. DE LIMEUIL.

Et vous faites fort bien.
Je n'aime pas du tout que chez moi l'on s'ingère
De vouloir pénétrer...,

MARTON.

Vous êtes bien sévère !
Madame est plus facile, elle me répondra.

M. DE LIMEUIL.

Monfort l'est venu prendre, il la ramenera.

MARTON.

Je le crois comme vous.

M. DE LIMEUIL.

Dès qu'il l'aura laissée
Vous viendrez m'avertir.

MARTON, *à part.*

Dussai-je être chassée,
Mon devoir me l'ordonne & je veux l'avertir.....

M. DE LIMEUIL.

Si vous parliez plus haut, vous me feriez plaisir.

MARTON.

Tout comme il vous plaira. Mais dites moi, de grace,
Pour obtenir la paix, ce qu'il faut que je fasse ?
Si je parle trop haut, soudain vous m'arrêtez ;
Si je parle trop bas, vous vous inquiétez.
Moi je ne sais que faire.

M. DE LIMEUIL.

Obéir & répondre.

MARTON.

Tenez, mon cher Monsieur, je ne puis me refondre.
Vous voulez que je parle ; eh bien, je parlerai,
Et si vous l'exigez, après je me tairai,
Mais je serai contente.

M. DE LIMEUIL.

Eh bien parlez.

MARTON.

Madame.....

M. DE LIMEUIL.

Voyons, qu'a-t-elle fait?

MARTON.

Je vais lui percer l'ame.

Dois-je lui découvrir.....

M. DE LIMEUIL.

Enfin, parlerez vous.

MARTON.

C'eſt que je erains vraiment d'affliger un époux
Si ſenſible & ſi bon.

M. DE LIMEUIL.

Parlez, je vous l'ordonne.

MARTON.

Je ne réſiſte plus; mais ne vient-il perſonne?

M. DE LIMEUIL.

'A part.   *Haut.*

Que va-t-elle m'apprendre? Eh perſonne ne vient.
Après?

MARTON.

Je ne ſais pas, Monſieur', s'il me convient
D'oſer vous réveler.....

M. DE LIMEUIL.

Ce que je ſais peut-être
Et beaucoup mieux que vous.

MARTON.

Cela pourrait bien être.

Les hommes ſont ſi fins!

M. DE LIMEUIL.

Je ne me pique pas
D'être très-pénétrant.

MARTON.

La Comteſſe, en ce cas,
Vous a tout avoué, n'eſt-il pas vrai?

M. DE LIMEUIL.

Sans doute.

MARTON.

Je ne l'aurois pas cru.

DRAME. 13

M. DE LIMEUIL.
Pourquoi ?

MARTON.

> C'eſt qu'il en coûte
De faire un tel aveu, ſur tout à ſon époux.

M. DE LIMEUIL.
Ma femme me connaît; je ne ſuis pas jaloux.

MARTON.
Auſſi n'avez-vous pas, Monſieur, ſujet de l'être.

M. DE LIMEUIL.

'A part   *Haut.*
Bon. Et je ſuis très-loin, Marton, de le paraître.
Nos cœurs ſont trop unis.

MARTON.

> Ie vous réponds du ſien.
Si comme votre honneur ménageant votre bien.....

M. DE LIMEUIL.
Ma femme joue? Eh bien, il faut qu'elle s'amuſe.
Elle perd? que veux-tu? ſon âge eſt ſon excuſe.
Je me fais une loi de remplir ſes deſirs.

MARTON.
C'eſt qu'ils ſont un peu chers.

M. DE LIMEUIL.

> Il lui faut des plaiſirs.
J'épargne, elle dépenſe.

MARTON.

> Ah ! quel cœur ! ſi Madame....

M. DE LIMEUIL.
Je ſuis fait pour payer les dettes de ma femme.

MARTON.
Vous avez tout payé ?

M. DE LIMEUIL.
Oui, Marton.

MARTON.

> Quand ?

M. DE LIMEUIL.

> Ce ſoir.

MARTON.
Le Marquis de Monfort....

M. DE LIMEUIL.

Exprès m'est venu voir.

MARTON.

On lui devait beaucoup.

M. DE LIMEUIL.

Non, une bagatelle.

MARTON.

Quarante mille francs !

M. DE LIMEUIL, *à part.*

Grand Dieu ! que m'apprend-elle !

Haut.

Quarante mille francs, qu'est-ce donc que cela !
Je ne m'affecte point de ces vétilles là.

MARTON.

Vous êtes généreux !

M. DE LIMEUIL.

Non, je suis équitable.
Je commence à vieillir ; ma femme est jeune, aimable,
Je ne peux, mon enfant, lui tenir lieu de tout.
Le jeu lui fait plaisir, qu'elle suive son goût.

MARTON, *piquée.*

Je croyais seule avoir toute sa confiance.

M. DE LIMEUIL.

J'avais aussi mes droits à cette confidence.

MARTON.

Je le vois bien, Monsieur.

M. DE LIMEUIL.

Ecoutes-moi, Marton.
Depuis quinze ans & plus, tu sers dans ma maison,
Tu m'as toujours trouvé bon & généreux maître.
A mes premiers bienfaits j'ajouterai peut être ;
Ton sort est dans tes mains : c'est à toi d'y penser.
Si de ce que j'ai dit un mot vient à percer,
Je te chasse à l'instant.

MARTON.

La belle récompense !

M. DE LIMEUIL.

Mais aussi je saurai reconnoître un silence....

MARTON.

Ah ! j'entends , ce secret....

Mad. DE LIMEUIL.

Non , ce n'en est pas un ;
Mais je veux t'éprouver. Je chargerai quelqu'un
De te veiller de près.

MARTON.

Monsieur , je suis muete.

M. DE LIMEUIL.

A Madame, surtout , tiens la chose secrete.

MARTON.

Madame.... Elle sait tout.

M. DE LIMEUIL.

Sans doute elle le sçait ;
Mais je suis singulier , le silence me plaît.
Pour la première fois , je prétends t'y contraindre.

MARTON.

Mais si l'on m'interroge?

M. DE LIMEUIL.

Il est aisé de feindre.

MARTON.

Oui, Monsieur , fort aisé.

M DE LIMEUIL.

Je compte donc sur toi ?

MARTON.

Oui , Monsieur.

M. DE LIMEUIL.

A ce prix tu peux compter sur moi.

SCENE V.

MARTON, *seule.*

JE l'ai dit mille fois, j'ai vraiment un bon Maître,
Mais est-il aussi gai qu'il voudroit le paraître?
C'est un homme sensé qui rit très-rarement.
Le bonheur du Marquis l'égaie en ce moment.
Je n'y conçois trop rien. N'importe il faut me taire.:
Ma fortune en dépend ; d'ailleurs je veux lui plaire,
Et puisque tout ceci cesse d'etre secret,
Quel plaisir d'en parler...., Mais Madame paraît.

SCENE VI.

MARTON, LE MARQUIS, Mad. DE LIMEUIL.

LE MARQUIS.

LA séance, Madame, est vraiment désastreuse.
      Mad. DE LIMEUIL.
Eloignez vous, Marton.
       Marton se retire dans le fond du Théâtre.
      LE MARQUIS.
        Vous n'êtes pas heureuse,
Il faut en convenir.
      Mad. DE LIMEUIL.
        Le destin me poursuit.
J'ai perdu constamment pendant toute la nuit.
Oui, je dois renoncer au penchant qui m'abuse.

Malheur

Malheur à qui s'y livre !
LE MARQUIS.
Heureux qui s'en amufe.
De pareils accidens peuvent fe réparer.
Un feul inftant heureux....
Mad. DE LIMEUIL.
Il faut le rencontrer.
Et je n'y compte plus.
LE MARQUIS.
Ayez de la prudence.
Qui fait les frais du jeu ? c'eft l'inexpérience.
Perd-on, on fe modère, on attend le moment.
Quand on eft toujours calme, on gagne fûrement.
Ecoutez mes confeils, & vous verrez vous même....
Mad. DE LIMEUIL.
Je les ai trop fuivis. Ce dangereux fyftême
M'a mis dans l'embarras & je veux m'en tirer.
Entre vos mains, Marquis, voyez-moi l'abjurer
Ce fol amour du jeu, pour jamais j'y renonce.
LE MARQUIS.
L'arrêt eft un peu dur.
Mad DE LIMEUIL.
Gaiment je le prononce.
LE MARQUIS.
Vous renoncez au jeu, parce que vous perdez ;
Mais ce n'eft qu'en jouant que vous regagnerez.
Abandonnerez vous une fomme auffi forte ?
Vous favez.....
Mad. DE LIMEUIL.
Oui, je fais que je vous dois. N'importe ;
Je ferai face à tout & je ne jouerai plus.
Epargnez-vous, Marquis, des efforts fuperflus.
LE MARQUIS.
A part.   *Haut.*
Ce n'eft pas là mon compte. E. vous êtes capable
De réfifter longtems ?
Mad. LE LIMEUIL.
Je fuis inébranlable ;
Je vous le ferai voir.

B

LE MARQUIS.

Mais vous avez promis.
De déjeuner demain avec tous nos amis.
Vous n'irez pas ainsi leur manquer de parole.
Que diroit-on de vous ? Ce prétexte frivole,
Ce projet de réforme est-il bien imposant ?
Aux yeux de bien du monde, il paroîtra plaisant.
Quoi, vous prétendriez, à la fleur de votre âge,
Rompre avec les plaisirs, vivre pour votre fage,
Aux yeux de l'Univers ainsi vous afficher !
Non, vous n'en ferez rien. Dussiez-vous vous fâcher,
Je viens, midi sonnant, enlever ma Comtesse.

Mad. DE LIMEUIL.

Oh, non pas, s'il vous plait ; je connois ma faiblesse.
Elle est rare, entre nous, & j'y succomberai.
On jouera de nouveau, de nouveau je perdrai.
C'est un parti bien pris, je ne veux pas vous suivre.

LE MARQUIS.

On peut se réformer ; mais il faut savoir vivre.
On compte les momens où l'on ne vous voit pas.
La fête est un tribut offert à vos appas.

Mad. DE LIMEUIL.

Vous êtes séduifant, Marquis ; mais si je cède,
Je prétens composer.

LE MARQUIS.

Pourvu qu'on vous possède,
On fera trop heureux. Voyons, expliquons nous.

Mad. DE LIMEUIL.

N'est-il pas des plaisirs moins dangereux, plus doux
Que ces amusemens créés par l'imposture ?
Tôt ou tard on revient à la belle nature.
Dans le fracas du monde on cherche la gaité:
Elle est l'enfant chéri de la simplicité.

LE MARQUIS, *ironiquement.*

Je le sens comme vous, la nature est sublime,
Et le premier des biens est notre propre estime.
Oui, vous exercerez un empire absolu.
Et l'on ne jouera pas, c'est un point résolu.

Mad. DE LIMEUIL.

A ces condition je ferai de la fête.

LE MARQUIS.

Et vous l'embellirez

Mad. DE LIMEUIL.

Vous êtes trop honnête.

Je ne jouerai donc plus. Il faut au moins compter.
Quel tems me donnez vous, Marquis, pour m'acquitter

LE MARQUIS.

Vous penfez à cela ! mais vous êtes trop bonne.
J'oblige quand je peux, je ne gêne perfonne.

Mad. DE LIMEUIL.

Il faut pourtant finir.

LE MARQUIS.

Eh bien, nous finiffons.

Mad. DE LIMEUIL.

Mais je voudrais compter.

LE MARQUIS.

Eh bien, nous compterons.

Mad. DE LIMEUIL.

Encore, que vous dois-je ?

LE MARQUIS.

Oh, finiffez de grace.

Un tel empreffement annonce une difgrace.
On ne compte jamais avec fes vrais amis.

Mad. DE LIMEUIL.

C'eft pourtant le moyen d'être toujours unis.

LE MARQUIS.

Oui, quand on veut fixer des ames ordinaires.
Je n'ai jamais fuivi les ufages vulgaires.
J'ai ma façon de voir & vous en conviendrez.

Mad. DE LIMEUIL, *finement.*

Pour mon repos, Monfieur, vous me l'expliquerez.

LE MARQUIS.

A part.   *Haut.*

L'inftant eft prefque fûr. Lifez donc dans mon ame.
Le plus pûr fentiment la foutient & l'enflamme,
La raifon le confirme & mon attachement,
Quelque force qu'il ait, croît à chaque moment.

Mad. DE LIMEUIL.

C'eft affez, brifons là.

LE MARQUIS.

Vous rejettez l'hommage
Que l'on rend à des yeux....

Mad. DE LIMEUIL.

Penfez-vous au langage
Que vous tenez, Marquis, ai-je pu mériter....

LE MARQUIS.

Vous ne m'entendez pas.

Mad. DE LIMEUIL, *finement.*

Non?

LE MARQUIS.

Daignez m'écouter.
On n'eft pas criminel pour être né fenfible.
Des talens, des vertus l'empire irréfiftible
Dès mon enfance empreint dans le fond de mon cœur....

Mad. DE LIMEUIL.

Cela peut être vrai.

LE MARQUIS.

Vous me faites honneur.

Mad DE LIMEUIL.

Mais tout éloge outré devient une ironie.
Laiffons mes qualités.

LE MARQUIS.

C'eft une tyrannie.
N'importe, vous parlez, on vous obéira.
S'il le faut, en filence, on vous admirera.

Mad. DE LIMEUIL, *gaiment.*

En filence, d'accord. Reprenons notre affaire.

LE MARQUIS.

Mais tout eft arrangé, ce me femble.

Mad DE LIMEUIL.

Au contraire,
Nous n'avons rien fini.

LE MARQUIS.

Mais convenez, du moins,
Qu'il eft de vrais amis, de qui les tendres foins
Peuvent nous confoler de toutes nos difgraces;
Que c'eft au fentiment d'en effacer les traces.

DRAME.

Mad. DE LIMEUIL.

Après ?

LE MARQUIS.

Que c'est au sein d'une tendre amitié
Que le malheur finit, & peut être oublié ?
Que sa touchante loi parle, subjugue, entraîne.
Heureux qui s'y soumet.

Mad. DE LIMEUIL.

Oui, je le crois sans peine.
Vous peignez à merveille.

LE MARQUIS.

Ah ! je peins le bonheur.
Un bonheur pur & vrai. Livrez donc votre cœur
A ces sensations que j'ose vous dépeindre.

Mad. DE LIMEUIL.

J'en conçois la douceur ; mais j'ai tout lieu de craindre
Que mes torts répétés, ma dissipation
Ne troublent les douceurs d'une telle union.
Vous peignez un ami si tendre, si sensible.....

LE MARQUIS.

On peut le rassurer.

Mad. DE LIMEUIL.

Le croyez vous possible ?

LE MARQUIS.

Et quel est le mortel qui ne fut trop heureux
De vous offrir sa bourse & de combler vos vœux ?
A part.
Elle se rend enfin.

Mad. DE LIMEUIL.

Ah si j'osois vous croire,
Que mon sort serait doux !

LE MARQUIS.

Douter de la victoire,
Madame, est une erreur.....

Mad. DE LIMEUIL.

Mais vraiment, croyez vous
Que je trouverai grace aux yeux de mon époux ?

LE MARQUIS.

Quoi, c'est de votre époux dont vous parlez, Madame !

Mad. DE LIMEUIL.

De qui donc, s'il vous plaît ?

LE MARQUIS, *à part.*

Je crois que cette femme
S'amufe à mes dépens.

Mad. DE LIMEUIL.

Parlez, raffurez-moi.
Soyez mon confident.

LE MARQUIS.

Ah ! le charmant emploi !

Mad. DE LIMEUIL.

Vous avez commencé, finiffez votre ouvrage.

LE MARQUIS.

Je ne me mêle pas d'affaire de ménage.

Mad. DE LIMEUIL.

Vous m'affurez, Marquis, d'un entier dévouement
Et. . . . .

LE MARQUIS.

Mais.... J'ai tout-à-coup changé de fentiment.

Mad. DE LIMEUIL, *férieufement.*

Vous prenez, croyez-moi, le parti le plus fage.
Vous auriez tort, Monfieur, d'efpérer davantage.
Vos feux font très légers, un jour les calmera.
Ma note, s'il vous plaît.

LE MARQUIS, *à part.*

Le jeu me vengera.

(*Il tire fes tablettes & remet un papier à Mad. de Limeuil*).

Mad. DE LIMEUIL.

Très-inutilement, Marquis, je vous arrête.
Au plus tard à midi vous me trouverez prête.

(*Le Marquis falue & fort avec Marton*).

SCENE VII.

Madame DE LIMEUIL, *seule, lisant la note du Marquis.*

Ai-je pu jusques là me laisser aveugler !
Le total m'épouvante.... il faut pourtant parler.....
Oui, je lui dirai tout, j'en aurai le courage.
En avouant ses torts un cœur droit se soulage!
Il verra mes regrets & me pardonnera.
De mes fautes enfin mon bonheur renaîtra.
Me fallait-il, hélas, cette épreuve cruelle
Pour soumettre au devoir une femme rébelle
Aux conseils d'un époux, à sa tendre amitié,
Et pour que devant lui mon front humilié.....

SCENE VIII.

Monsieur & Madame DE LIMEUIL.

Mad. DE LIMEUIL, *avec aménité.*

Vous ne reposez pas.
   M. DE LIMEUIL.
    Eh, le puis-je, Madame ?
Il n'est pas de repos quand on craint pour sa femme.
C'est un malheur cruel que de savoir aimer.
Que je plains un vieillard qui se laisse enflammer !
   Mad. DE LIMEUIL.
Arrêtez, mon ami, vous me faites outrage.
Vous m'êtes toujours cher. Eh, que m'importe l'âge?

C'eſt par ſes qualités que l'on ſait s'embellir.
Un eſtimable époux peut-il jamais vieillir ?

M. DE LIMEUIL.

Que je ſerais heureux ſi vous étiez ſincère !
Votre conduite, hélas, me prouve le contraire.
Non, vous ne m'aimez pas. je le ſens; mais enfin
Je ſaurai me ſoumettre aux rigueurs du deſtin.
Tandis que loin de moi votre mérite brille,
Je me vois ſolitaire au ſein de ma famille,
Et je n'ai nul appui qui ſoutienne mon cœur.

Mad. DE LIMEUIL.

Calme toi, cher époux, un penchant ſéducteur,
Je l'avoue à regret, a ſurpris ma jeuneſſe.
Dans tes bras, mon ami, j'abjure ma foibleſſe.
Tu peux te confier à ma ſincérité :
Pardonne mes erreurs, j'implore ta bonté.

M. DE LIMEUIL.

Tu dois, ma chère amie, être ſans défiance,
Et d'après tes regrets, croire à mon indulgence....
Remettons-nous tous deux.... parlons tranquillement.
Comment l'amour de l'or put-il un ſeul moment
Te tenter, te ſouſtraire à ma vive tendreſſe ?
Formes-tu des ſouhaits, que mon cœur ne s'empreſſe
A voler au devant de tes moindres déſirs ?
Je connais la jeuneſſe, il lui faut des plaiſirs.
Je me prête à tes goûts, qu'ils ſoient du moins honnêtes,
Laiſſe les inſenſés affronter les tempêtes ;
Que ſans frein, ſans pudeur ils bravent les regards.
Qui n'a rien à riſquer s'abandonne aux haſards.
Mais toi, toi que le Ciel plaça dans l'abondance,
Tu ne peux excuſer ta fatale imprudence.
Elle a fait ton malheur, elle aſſurait le mien.
Sans le repos du cœur il n'eſt pas de vrai bien.
Ce repos précieux eſt très-loin du ſupplice
Qui tourmente un Joueur.

Mad DE LIMEUIL.

Ah ! que le mien finiſſe !

J'ai trop longtems du ſort éprouvé le couroux.
J'ai vécu pour jouer ; je veux vivre pour vous.

DRAME.

M. DE LIMEUIL.

Il est donc arrivé l'instant qui nous rassemble !

Mad, **DE LIMEUIL.**

Dans le sein de la paix nous allons vivre ensemble.
Ta bonté me confond , je veux la mériter
En renonçant au monde.

M. DE LIMEUIL.

Avant de le quitter
N'as-tu besoin de rien ? si j'en crois l'apparence....

Mad. **DE LIMEUIL.**

Oui , tu peux ajouter à ma reconn issance.

M. DE LIMEUIL.

Ce n'est pas à présent qu'il faut dissimuler.
Tu dois....

Mad. **DE LIMEUIL.**

Mais....

M. DE LIMEUIL.

Je payerai.

Mad. **DE LIMEUIL,** *à part.*

Comment lui dévoiler....

M. DE LIMEUIL.

Tu balances ; pourquoi ?

Mad. **DE LIMEUIL.**

Monsieur....

M. DE LIMEUIL.

Allons , courage.

Mad. **DE LIMEUIL.**

Ah ! mon cœur est si plein !

M. DE LIMEUIL.

Que ce cœur se soulage.
Si tu veux te soustraire à de nouveaux malheurs ,
Il faut à ton ami confesser tes erreurs.

Mad **DE LIMEUIL.**

La crainte me retient.

M. DE LIMEUIL.

Que ta vertu la dompte.
C'est à se dégrader qu'on doit mettre la honte.
Trop heureux les mortels qui se sont égarés ,
Par leurs propres erreurs , lorsqu'ils sont éclairés.

On gagne, chère amie, à faillir de la forte.
Les fautes d'un ami, l'amitié les supporte.
Elle feule foutient la trifte humanité,
Et ne s'indigne pas de fa fragilité.
Eh, qui faurait, hélas, où placer fa tendreffe,
S'il ne fallait aimer que des cœurs fans faibleffe ?
Ouvre-moi donc le tien ; tu le dois, je le veux.

   Mad. DE LIMEUIL, *à part.*

Qu'avec un tel époux ce moment eft affreux !

    (*Lui donnant la note du Marquis.*).

Tenez, lifez, Monfieur, & jugez ma conduite.

   M DE LIMEUIL, *après avoir lu.*

Elle eft folle entre nous ; mais l'amour en profite
Pour te rendre à l'honneur, pour rétablir fes droits,
Jouir de ton retour, retrouver à la fois
Une époufe fidelle, une mère fenfible
Rendue à fes devoirs.

   Mad. DE LIMEUIL.

    Comment eft-il poffible
Qu'un époux, des enfans oubliés, méconnus.....

   M. DE LIMEUIL.

Depuis trois jours entiers tu ne les a pas vus.
Mais leur fort changera, j'en reçois l'affurance.

   Mad. DE LIMEUIL.

Croyez-en mes fermens.

   M. DE LIMEUIL.

    L'exacte bienféance
Nous défend de devoir plus longtems au Marquis.
Par le moindre délai nous ferions compromis.
Je crois préfentement connaître à fond cet homme.
Demain à ton réveil je te porte ta fomme
Si tu le trouves bon.

   Mad. DE LIMEUIL.

    C'eft combler mes fouhaits.

   M. DE LIMEUIL.

Ainfi donc nous voilà tous les deux fatisfaits.
Tu vois de quoi dépend le bonheur de la vie ;
D'un moment de raifon.

Mad. DE LIMEUIL.

Ah ! mon ame ravie
Bénira le deftin dont j'éprouvai les coups.
Sans lui je n'aurais pas retrouvé mon époux.
Toute entière à l'erreur, j'ignorerais encore
Ces touchantes vertus, dont mon fexe s'honore.
On ne les acquiert pas dans un monde trompeur.
Sans elles il n'eft pas de folide bonheur ;
Tu viens de m'en convaincre... A propos, ta prudence
Peut feule me fauver de mon inconféquence.
J'ai promis au Marquis......

M. DE LIMEUIL.

Quoi ?

Mad. DE LIMEUIL.

De l'accompagner
Chez la jeune Comteffe où l'on doit déjeûner
Et je voudrais pouvoir retirer ma parole.
Je me fuis avancée & cela me défole.

M. DE LIMEUIL.

Mais il doit s'y trouver quelques honnêtes gens ?

Mad. DE LIMEUIL.

Oui, Monfieur, & beaucoup.

M. DE LIMEUIL.

Soyons donc indulgens.
On doit beaucoup, ma chère, au monde qu'on méprife;
On ne peut le changer & le fuir eft fottife.
Il faut le fréquenter avec précaution.
Un dédain trop marqué n'eft qu'affectation.
Je ne fuis pas, du tout, pour les partis extrêmes.
Peut être vos amis m'accuferaient eux-mêmes
D'être trop exigeant, de contraindre vos goûts,
Et leur malignité retomberait fur vous.
Votre fociété paraît difpendieufe !
Même, à certains égards, je la crois dangereufe.
Rompez, c'eft mon avis, mais rompez par dégrés.
Vos motifs & les miens doivent être ignorés.
Il faut dans tous les tems agir avec prudence
Et dans un ami fûr, mettre fa confiance.

Mad. DE LIMEUIL.

Quoi, férieufement....

M. DE LIMEUIL.

Madame, vous irez.

Mais je crains qu'on n'y joue.

M. DE LIMEUIL.

Eh bien, vous y jouerez.

Il eft un jeu permis pour une femme honnête,
Qui repofe l'efprit, loin d'échauffer la tête,
Qui profcrit les fureurs, les aveugles defirs,
Et qu'on peut mettre au rang des innocens plaifirs.
Je compte inceffamment augmenter ma famille.
Valville eft honnête homme, il prétend à ma fille ;
C'eft fans doute un hymen que vous approuverez.
Dès qu'il fera conclu, fans crainte vous pourrez
Rompre avec vos amis. Vous leur ferez entendre
Que vous devez vos foins à ma fille, à mon gendre.
Allez, & livrez-vous avec fécurité
Aux douceurs du repos.... que vous m'aviez ôté.

Fin du premier Acte.

ACTE II.

SCENE PREMIERE.

VALVILLE, ANGÉLIQUE.

VALVILLE.

Oui ; Monſieur de Limeuil, ſenſible à mon amour,
Me permet d'eſpérer qu'il fixera le jour
Où vous partagerez la plus pure tendreſſe.
Je ne peux y penſer ſans être dans l'ivreſſe !
Nous ſerons donc unis ! les plus doux ſentimens
Formeront ce lien, dicteront mes ſermens.....
Mais..... ne puis-je être utile à l'homme reſpectable
A qui je devrai tout ?

ANGÉLIQUE.

Cette idée eſt louable
Et bien digne de vous.

VALVILLE.

Je le crois malheureux.

ANCÉLIQUE.

Il eſt des ſentimens triſtes, ou douloureux,
Que détruiſent les ſoins d'une amitié ſincère,
Et je ne doute pas que vous n'aimiez mon père.

VALVILLE.

Ah ! je l'aime en effet & je veux aujourd'hui,
Si vous me ſecondez, m'acquitter envers lui.

ANGÉLIQUE.

Sur son pénible état il m'impose silence.

VALVILLE.

Laissez un libre cours à ma reconnaissance.
Vous en avez trop dit, pour ne pas achever,
Et si je vous suis cher, il faut me le prouver.

ANGÉLIQUE.

Non, ses moindres desirs sont une loi suprême,
Que je dois réverer, j'en appelle à vous-même.
Voyez & jugez moi.

VALVILLE.

　　　　　Je ne peux vous blâmer :
Son Secret est à lui. Vous devez renfermer
Au fond de votre cœur ce que sa confiance
Vous a permis de voir ; mais c'est à ma prudence
A lire dans son ame, y chercher ses chagrins,
De leur malignité détruire les venins,
Rappeller son courage en effaçant ses peines,
Ou supporter ma part du fardeau de ses chaînes.
Il parait.

SCENE II.

VALVILLE, M. DE LIMEUIL, ANGÉLIQUE.

M. DE LIMEUIL.

EH ! bon jour, mes chers, mes vrais amis.
En tiers dans l'entretien ne pourrais je être admis ?
Si je devine juste, en vous trouvant ensemble,
Ce n'est pas la froideur qui tous deux vous rassemble :
Les cœurs indifferens ne se cherchent jamais.
Aimez vous, mes enfans, vous pouvez désormais
A vos tendres desirs vous livrer sans partage.

L'hymen & ſes douceurs conviennent à votre âge.
Je viens, mon Angélique, en preſſer le moment.
Les jours que nous perdons renaiſſent rarement.
Il faut de ton amant couronner la conſtance
Et par votre bonheur doubler mon exiſtence.

ANGÉLIQUE.
Quoique vous décidiez, c'eſt à moi d'obéir.

M. DE LIMEUIL.
Ce n'eſt pas là le mot dont tu dois te ſervir.
Angélique jamais n'a pû craindre ſon père :
Avec un ami tendre, on doit être ſincère.

ANGÉLIQUE.
Ah ! vous êtes bien ſûr de ma ſoumiſſion.

M. DE LIMEUIL.
Cela ne ſuffit pas dans cette occaſion.
Se marier n'eſt rien, c'eſt tout que d'être heureuſe.
Ta réſerve, envers moi, peut être dangereuſe.
Prononces, mon enfant, ſans feinte & ſans détour,
Fais taire le devoir, laiſſes parler l'amour,
Qu'il décide entre nous..... tu gardes le ſilence?

ANGÉLIQUE, *avec modeſtie.*
C'eſt vous en dire aſſez.

M. DE LIMEUIL.
   Ah ! mon impatience
Attendait cet aveu.

ANGÉLIQUE.
   Vous pouviez le prévoir.
Valville eſt vertueux.

M. DE LIMEUIL.
   Qu'il ſoit heureux ce ſoir.
Je vais tout préparer.

VALVILLE.
   Souffrez que ma tendreſſe
Oſe exiger de vous, Monſieur, une promeſſe
Qui doit mettre le comble à des bienfaits ſi doux.

M. DE LIMEUIL.
Puis-je refuſer rien, Valville, à ſon époux.

VALVILLE.
Ah ! ce mot ſeul ſuffit à mon ame ravie !

Je veux, dès ce moment, vous confacrer ma vie,
N'exifter que pour vous, prévenir vos fouhaits,
Porter dans votre cœur le bonheur & la paix ;
Je ne vous quitte plus & mon aimable époufe,
Partagera mes foins, fans en être jaloufe.

M. DE LIMEUIL.

Voilà des fentimens nobles & généreux.
Ils ne m'étonnent pas, je vous connais tous deux.
Mais êtes-vous certains qne la froide vieilleffe
Ne rebutera pas l'amour & la jeuneffe ?
Votre âge, mes enfans, eft celui des plaifirs.
Il ne me refte plus que quelques fouvenirs.
Ce cœur flétri bientôt, ne pourra vous entendre,
Vous ne vous devez pas en tribut à fa cendre.

VALVILLE.

Je connais mes devoirs & je les remplirai.
Je ferai plus encore & je les aimerai.
Ceffez de m'oppofer vos triftes deftinées :
D'un bon père jamais compte t-on les années ?

M. D'E LIMEUIL.

Je me livre, fans peine, à cette illufion ;
Mais j'y mets à mon tour une condition
Néceffaire, entre nous : la raifon l'autorife.
Promettons nous tous trois d'agir avec franchife.
Un jour viendra, peut-être, où nous nous gênerons.

ANGÉLIQUE.

Si ce jour vient jamais, oui, nous en conviendrons.

M. DE LIMEUIL.

Vous me le promettez ?

ANGÉLIQUE.

Bien aifément, mon père,

Et fans nous expofer.

M. DE LIMEUIL.
Tu le crois ?

ANGÉLIQUE.

Je l'efpère.

M. DE LIMEUIL.

J'en accepte l'augure & je vais, mes enfans,
Fixer par votre hymen le fort de mes vieux ans.

SCENE III.

SCENE III.

VALVILLE, ANGÉLIQUE.

ANGÉLIQUE.

Et voilà le mortel qu'a choisi mon estime !
Il m'honore à mes yeux, & le feu qui m'anime,
Peut dans sa pureté paraître devant vous.
On ne doit pas rougir d'adorer son époux.

VALVILLE.

Nous allons donc enfin exister l'un pour l'autre!
Quel bonheur, chère amie, égalera le nôtre ?
Pour deux tendres amans, ah ! que l'hymen est doux!
Il faut pour le sentir s'aimer autant que nous.

ANGÉLIQUE.

Tout ce que vous sentez, comme vous je l'éprouve;
Les vœux que vous formez, la vertu les approuve.
Quel père que le mien ! Je lui dois la douceur
De donner à la fois & ma main & mon cœur.

VALVILLE.

Son épouse trompée & toujours estimable,
Des fautes de l'esprit ne paraît pas coupable.
Pour bannir le Marquis unissons nos efforts :
Les amis les plus vrais sont toujours les plus forts.

C

SCENE IV

VALVILLE, MARTON, ANGÉLIQUE.

MARTON, *avec la plus grande gaité.*

AH ! vous voilà, Monfieur…. C'eft vous, Mademoifelle?
J'accours pour vous apprendre une grande nouvelle.
On vous marie enfin.

VALVILLE, *fouriant.*

Quoi, férieufement ?

MARTON.

Il n'eft rien de plus fûr. Monfieur en un moment
Vient de tout ordonner à fon homme d'affaires.
» Dépêchez vous, dit-il, allez chez les Notaires…..
» Habits, modes, bijoux, équipages nouveaux,
» Tout cela dans les goûts les plus frais, les plus beaux,
» Courez, n'épargnez rien pour ma fille & mon gendre.
J'avais tant de plaifir à le voir, à l'entendre,
Se livrer, fans réferve, à toute fa bonté,
Que je ne bougeois pas, quoiqu'il m'ait répèté
Deux ou trois fois, au moins ; Eh ! vas donc, vas leur dire
De me venir trouver.

VALVILLE.

Mais où ?

MARTON.

C'eft pour vous lire
Les articles qu'il veut inférer au contrat.
Vous pouvez avec lui finir fans avocat.
Allez ; il vous attend.

VALVILLE.

Ou ?

MARTON.

C'eſt que ſa tendreſſe
Lui rend toute l'ardeur qu'il eut dans ſa jeuneſſe.
La gaité dans le cœur, le plaiſir dans les yeux…..
Ce mariage là fera bien des heureux.
Mais allez donc, allez.

VALVILLE.

J'admire cette fille.

MARTON.

La tête doit tourner à toute la famille.
Pour moi je n'en ai plus, je vous le dis tout net.

VALVILLE, *criant.*

Mais où nous attend-il ?

MARTON.

Ah ! …. dans ſon cabinet.

SCENE V.

MARTON *ſeule*

JE brûle de vous voir avec votre parure.
Qu'on a raiſon d'unir les arts à la nature !
Ils ajoutent un charme à la ſimple beauté,
Font briller la laideur d'un éclat emprunté,
Inſpirent le plaiſir, embéliſſent la vie
Et font naître les fleurs ſous les pas de l'envie.
Ai-je tort, répondez ?…. Ils ſont déjà bien loin,
Et ma deſcription s'eſt faite ſans témoin.

SCENE VI.

MARTON, Mad. DE LIMEUIL.

Mad. DE LIMEUIL.

JE rentre en frémiſſant.

MARTON.

> Livrons-nous à la joie.

Mad. DE LIMEUIL.

Que vais-je devenir ?

MARTON.

> Le Jeu nous la renvoie.

Prêtons un peu l'oreille.

Mad. DE LIMEUIL *ſe jettent dans un fauteuil.*

> Oui, le ſort en fureur
Épuiſe, contre moi, tous les coups du malheur....r
Soixante mille francs..... Quels excès..... Quelle perte !

MARTON.

Soixante mille francs !

Mad. DE LIMEUIL.

> Pas une bourſe ouverte.
Le Marquis me refuſe, il ſemble qu'avec lui
La rage & ſes ſerpens conjurent aujourd'hui.

MARTON.

L'accès eſt violent.

Mad. DE LIMEUIL.

> Contiens-toi, malheureuſe,
Et n'impute qu'à toi ta deſtinée affreuſe.
Tu trahis tes enfans, tu ruines ton époux,
Et tu voudrais couler des jours calmes & doux.

MARTON.

Ah! bon. dieu!

Mad. DE LIMEUIL.

Le bonheur n'eft pas fait pour le vice....
Contemples ton ouvrage, homme plein d'artifice ;
Jouis de mon état, souris à mes douleurs,
Que ta férocité s'abreuve de mes pleurs.....
Eh, pourquoi l'accuser ? C'eft ma fatale yvreffe.....

MARTON.

La force l'abandonne.....Ah! ma chère maîtreffe!

Mad. DE LIMEUIL.

Laiffez-moi, laiffez-moi.

MARTON.

Tout peut fe réparer.

Mad. DE LIMEUIL, après avoir fixé Marton.
Se réparer, dis-tu ?

MARTON.

J'ofe vous l'affurer ;
Et Monfieur de Limeuil eft trop heureux, Madame,
Pour qu'il faffe éprouver un refus à fa femme.

Mad. DE LIMEUIL.

Moi, m'adreffer à lui! j'aimerais mieux mourir.
Qu'il foit heureux, Marton, & me laiffe fouffrir.

MARTON.

Hélas, que je vous plains !

Mad. DE LIMEUIL

Ta plainte m'importune
Et ne fçaurait changer mon cœur ni la fortune.
De l'encre, du papier.

MARTON allant au fecretaire.
En voici.

Mad. DE LIMEUIL

J'écrirai.

C'eft un homme, après tout, & je le toucherai.
Son amour me déplait ; mais le Marquis eft tendre.
La voix du défefpoir fçaura fe faire entendre.....
Que dis-je ? Si j'écris, je lui donne des droits,

Du plus faint des devoirs je méconnais les loix.
Non, je peux me foumettre à mon deftin funefte ;
Mais je prétens, au moins, que ma vertu me refte.

MARTON *montrant le fecrétaire.*
Voulez-vous.....

Mad. DE LIMEUIL.

C'eft affez. Dans ce befoin urgent
Je ne peux me fauver qu'en trouvant de l'argent.
Qui fçait fi le hazard......

MARTON, *avec timidité,*

Je vous offre ma bourfe.

Mad. DE LIMEUIL.
C'eft, ma chère Marton, une faible reffource.
J'accepte cependant..... Mais non, gardes ton or.
Je ne peux a ce point me dégrader encor.

MARTON.
Si Madame voulait être un peu plus tranquile,
J'irais trouver quelqu'un......

Mad. DE LIMEUIL.
Qui ?
MARTON.
Monfieur de Valville.
Il va fe marier, il eft fenfible & doux.
Du plaifir d'obliger il fe montre jaloux.
S'il vous voit rarement, il aime fon beau père,
Et d'Angélique enfin il fauvera la mère.
Mad. DE LIMEUIL.
Moi, fa mère, Marton, ah ! Je le voudrais bien.
Je pouvais l'être, hélas, & je ne lui fuis rien.
Valville le fent trop, & mon extravagance
Ne lui put infpirer que de l'indifférence.
Il vont tous me haïr, je le fens, j'en frémis
Et je n'ai plus le droit de trouver des amis.

MARTON.
Vous en aurez toujours.
Mad. DE LIMEUIL.

Il me vient une idée
Et je vais la faifir..... Oui, j'y fuis décidée.

Volez à mon bureau, prenez mes diamans.

M A R T O N.

Madame, la raison.....

Mad. D E L I M E U I L.

Point de froids argumens.

Cela me déplairait & je vous le déclare.
Mon malheur vient du jeu, que le jeu le répare.
Obéiffez.

M A R T O N.

Madame.... Ah! Daignez m'avouer....

Mad. D E L I M E U I L.

Je vais les engager, les vendre, les jouer.

M A R T O N,

Pour la dernière fois, Madame permet-elle.....

Mad. D E L I M E U I L.

Pour la dernière fois, marchez, Mademoifelle.

M A R T O N.

Je réfifte à regret; je tombe à vos genoux.

Mad. D E L I M E U I L.

Prenez mes diamans, allez, m'entendez-vous?....
On peut tout employer dans un befoin extrême.
prenez-les fans témoin, donnez les moi de même.

(*Voyant Marton refter*).

Vous finirez, Marton, par vous faire haïr.
Votre devoir ici fe borne à m'obéir.

(*Marton prend un air fuppliant, Madame de Limeuil la
renvoie avec un gefte d'autorité*).

SCENE VII.

Mad. DE LIMEUIL, *seule.*

D'U N fentiment fecret j'éprouve la puiffance.
Le fort pour nous calmer nous laiffe l'efpérance.
Flateufe illufion, viens confoler mon cœur :
L'infortune a fon terme ainfi que le bonheur.
Je peux en un moment oublier mes difgraces,
Aux yeux de l'univers en effacer les traces,
Vivre heureufe & tranquille au fein de l'amitié,
Et renverfer l'autel où j'ai facrifié.
Mar on revient déja..... Que vois-je !.... C'eft la foudre !
A p aitre à fes yeux il faut donc me réfoudre.

SCENE VIII.

Monfieur & Mad. DE LIMEUIL.

M. DE LIMEUIL.

A H !.... Je fuis enchanté que vous foyez chez vous.
Partagez avec moi les tranfports les plus doux.
J'ai retrouvé ma femme & j'établis ma fille.
Vous fouperez ici ? Nous ferons en famille
Et vous ajouterez à la félicité
De nos jeunes époux.
       Mad. DE LIMEUIL *contrainte.*
         C'eft votre volonté.....
       M. DE LIMEUIL.
Ce n'eft point là du tout ce que je vous demande
Et la gaité du cœur jamais ne fe commande.

On doit figner ce foir & nous ferons joyeux.
Nous rirons, entre nous, comme nos bons ayeux.
J'ai banni l'importun, la trifte indifférence,
Les amis fimulés & la fotte importance.
On géne un fentiment qu'on ne partage pas.
Je cherche le plaifir, j'évite l'embarras,
Et déjà je crois voir l'amour & la jeuneffe
Se livrer, fans contrainte à leur touchante yvreffe.

Mad. DE LIMEUIL.

Oui..... Vous avez raifon.

M. DE LIMEUIL.

Ce tableau vous plaira.

Valville eft agréable, il vous amufera.

Mad. DE LIMEUIL.

Oui, beaucoup.

M. DE LIMEUIL.

Vous verrez mon aimable Angélique,

Tendre avec modeftie..... Oh! C'eft un couple unique.

Mad. DE LIMEUIL.

Oui.

M. DE LIMEUIL.

Je donne deux jours au cérémonial.
Il faut s'y conformer, quoique ce foit un mal.
Ces deux jours écoulés, je pars pour la campagne.
Angélique, mon gendre, une fage compagne.....

Mad. DE LIMEUIL.

Ah!

M. DE LIMEUIL.

Rempliront mon cœur, combleront mes defirs
Et toujours plus aimés charmeront mes loifirs.
C'eft là que tu verras l'étonnante nature
Ouvrir fon fein fécond, céder à la culture
Et l'honnête homme heureux recueillir fes tréfors.
Si pour les arracher, il fait quelques efforts,
Il en jouit en paix dans fon obfcur azile
Et les fimples vertus ornent fon domicile.

Içi Madame de Limeuil s'attendrit par degrés.

Les payfans font vrais , nous les rechercherons ,
Nous leur ferons du bien , & nous les aimerons ,
Un Prince vertueux nous en donne l'exemple ,
La France le chérit , l'Europe le contemple ,
A fes yeux paternels fes fujets font égaux ,
Il refpire pour eux , il efface leurs maux ,
Il regne par l'amour & par la bienfaifance
Et c'eft fur fes vertns qu'il fonde fa puiffance.

Mad. DE LIMEUIL.

Vous avez pour bien peindre un talent enchanteur....
J'admire... De vos traits le coloris flatteur....
Mille objets.... tour à tour.... par ce touchant langage
Brillent d'un nouveau luftre & le rendent au fage.

M. DE LIMEUIL.

D'eftimables voifins fans doute nous verront ,
Et je crois qu'a leur tour ils vous eftimeront.
Vous êtes modérée , honnête , douce , affable
Et voila ce qui rend une femme agréable.
Vous n'aurez qu'a vouloir & l'on vous chérira.
Le ton d'un campagnard d'abord vous ennuiera ;
Mais fi l'on ne voit pas les grands airs au village ,
On y trouve des cœurs & cela dédommage.
Eh , de quoi jouit-on dans un monde trompeur ?
On s'égare fans ceffe en cherchant le bonheur :
Vous l'éprouvez vous-même , & votre âme fenfible
N'emporte du paffé qu'un fouvenir pénible.

Madame de Limeuil fond en larmes.

Tu pleures..... J'aurais dû ne pas te rappeller.....
C'eft la dernière fois que je veux en parler.
Pardonnes d'un époux la tendre inquiétude.
Ton retour eft parfait , j'en ai la certitude ;
Et je veux en filence en gouter les douceurs.
Oui , je te le promets. Allons , fèches tes pleurs.
De l'oubli de mes torts accordes moi ce gage

     (*il l'embraffe.*)

Et que ce jour heureux s'écoule fans orage.

UN LAQUAIS.

Monfieur, on vous demande.

M. DE LIMEUIL.

Allez, je fuis vos pas.

SCENE IX.

Madame DE LIMEUIL, *feule.*

AH ! quand je l'affaffine, il m'ouvre encor fes bras !...
Avec lui je gardais un filence farouche.
Je fentais mon fecret s'échapper de ma bouche.
Je me fuis contenue.... Eh ! comment m'excufer ?
A de nouveaux dangers ai-je pu m'expofer.....
Que dis-je, il m'a pouffée à cette horrible fête.
Je fentais ma faibleffe..... Infortunée, arrête.
Apprens à refpecter un époux vertueux
Et ne l'accufe pas de ton état affreux.
Lui reprocheras tu jufqu'à fa confiance ?
Tu peignais les remords, il crut à leur puiffance
Il crut pouvoir compter fur ta faible raifon.
Ta plainte aggrave encor ta lâche trahifon.....
Celle qui s'eft rendue une fois condamnable,
Toujours plus malheureufe, & toujours plus coupable
N'a, pour fe garantir de fa propre fureur,
Que les illufions de fa funefte erreur.....
Jouons pour mon époux, pour les miens, pour moi même,
Un moment de bonheur fauve tout ce que j'aime.

SCENE X.

MARTON, Madame DE LIMEUIL.

Mad. DE LIMEUIL.

AH ! je revois Marton…., je l'attends & pâlis.
            MARTON, *lui donnant l'écrin.*
Je vous perds fans retour ; mais je vous obéis.
    (*Madame de Limeuil prend l'écrin en détournant la vue*).
Demeurez.
            Mad. DE LIMEUIL.
        Je ne peux.
                MARTON.
                    Par pitié pour vous-même,
Souffrez qu'on vous arrache à ce péril extrême.
            Mad. DE LIMEUIL.
C'eſt le plus digne époux que je dois conſerver.
Il en mourrait, Marton, & je vais le ſauver.
            MARTON,
Cet eſpoir vous féduit.
            Mad. DE LIMEUIL.
                N'importe, j'y fuccombe.
Je reviens à la vie, ou je creuſe ma tombe.

SCENE XI.

MARTON, *seule.*

JE ne fais où j'en fuis.... je cède à mon effroi
Et fes fautes enfin vont retomber fur moi.
Quels moyens employer pour cacher fa faibleffe?
Un feul mot indifcret expofe ma maitreffe.
On ne croira jamais fes regrets, fes combats,
Et l'époux indigné ne pardonnera pas.
Je ne vois qu'un parti ; c'eft celui du filence.
Il peut feul me fauver de mon inconféquence.....
Si Monfieur vient, que faire? Eh, parbleu, m'en aller :
Cet homme, malgré moi, fait me faire parler.

SCENE XII.

MARTON, M. DE LIMEUIL,
tenant un écrin.

M. DE LIMEUIL.

OUI, la richeffe au goût s'y trouve réunie.
La belle eau ! quel travail ! cette aigrette eft finie
Et l'enfemble eft charmant. Ah ! te voilà, Marton.
Comment va la gaité ?

MARTON.

Mais..... vous êtes bien bon.

M. DE LIMEUIL.

Et Madame ?

MARTON.

Elle est…..

M. DE LIMEUIL.

Où ?

MARTON.

Dans le jardin, je pense.

M. DE LIMEUIL.

A rêver?

MARTON,

Je le crois.

M. DE LIMEUIL.

J'ai fait une imprudence.

MARTON.

Monsieur…..

M. DE LIMEUIL.

Moi qui connais sa sensibilité.
Mon indiscrétion tient de la cruauté.
S'est-elle plaint de moi ?

MARTON.

Du tout.

M. DE LIMEUIL.

Quelle noblesse !
Ah ! la bonté n'est rien sans la délicatesse.
Ce sont les procédés qui lui donnent un prix.
Point de murmures ?

MARTON.

Non.

M. DL LIMEUIL.

Je n'en suis pas surpris.

MARTON.

A part.　　　*Haut.*
Ni moi non plus. Monsieur, je suis votre servante.

M. DE LIMEUIL.

Je veux te faire part d'une idée excellente.

(*Lui donnant de l'argent*).

Reste. Voici d'abord pour ta discrétion.

MARTON.

Vous ne me devez rien dans cette occasion.

Voulant sortir.

Madame est au jardin....

M. DE LIMEUIL.

Tant mieux, j'en suis bien aise.

(*Ouvrant l'écrin*).

Penses-tu, mon enfant, que cet écrin lui plaise ?

MARTON.

Il lui plaira beaucoup. Elle en a grand besoin.

M. DE LIMEUIL.

Ses diamans sont vieux.

MARTON, *à part.*

Je voudrais être loin.

M. DE LIMEUIL.

Je venais simplement offrir ceci moi-même :
Son absence me sert, usons d'un stratagême.
Tu connais tous les coins de son appartement,
Personne ne nous voit, montes y promptement.
Ménageons lui, Marton, un instant de surprise.
Mets l'écrin sur sa table.

MARTON, *à part.*

Ah ! je suis hors de crise.

M. DE LIMEUIL.

Elle s'habillera pour la fête du soir ?

MARTON.

Sans doute.

M. DE LIMEUIL.

Adroitement tu le lui feras voir.

MARTON.

J'y cours.

M. DE LIMEUIL.

Descends l'ancien. Je veux faire un échange.

MARTON.

L'ancien !

M. DE LIMEUIL.

Eh, oui.

MARTON.

L'ancien !

M. DE LIMEUIL.

Cette fille eſt étrange !
Elle n'entend plus rien dans ſa folle gaité.
Deſcends ſes diamans.

MARTON.

Leſquels ?

M. DE LIMEUIL, *avec impâtience*.

En vérité,
Marton.....

MARTON.

Je ne ſais trop ce qu'il faut que je faſſe.
M. DE LIMEUIL.

Que de ſes diamans ceux-ci prennent la place.
Comprends tu maintenant ?

MARTON.

Monſieur, j'entens très-bien....
Ah ! je n'ai pas les clefs.
M. DE LIMEUIL

Cet obſtacle n'eſt rien.
Madame eſt au jardin, trouve quelque prétexte.

MARTON, *à part*.

N'avoir pas un moment pour arranger mon texte ! .....

(*Se fouillant*).

Non, je ne les ai pas.
M. DE LIMEUIL.

Eh, vas donc au jardin.

MARTON.

Mais avant tout il faut.....
M. DE LIMEUIL.

Il faut finir enfin.
Si madame rentroit, elle pourroit entendre. ..

MARTON.

Ses diamans, Monſieur ? mais je ſais où les prendre....
Je viens de les donner dans ce même moment....
J'avais perdu la tête.

M. DE LIMEUIL.

M. DE LIMEUIL.
On le voit aisément.
A qui donc, s'il vous plaît?
MARTON, *à part.*
Je sens que j'extravague.
Je ne saurais mentir.
M. DE LIMEUIL, *féverement.*
Point de réponse vague.
Parlons net, où sont-ils?
MARTON.
Chez votre bijoutier.
Ils sont très-mal en ordre.
M. DE LIMEUIL.
Il est bien singulier.
Qu'un oubli, quelqu'il soit, cause ce trouble extrême.
MARTON, *l'interrompant avec vivacité.*
Il doit venir demain les rapporter lui-même.

M. DE LIMEUIL.
Il est deja venu.
MARTON.
Comment?
M. DE LIMEUIL.
Il est ici.
MARTON.
Juste ciel!
M. DE LIMEUIL.
Et je vais m'arranger avec lui.
MARTON.
Il est ici, Monsieur!
M. DE LIMEUIL.
Oui, mon homme d'affaires
Vient de me l'amener avec les deux Notaires.
MARTON, *à genoux.*
Ah! Je n'ai plus d'espoir que dans votre bonté.

M. DE LIMEUIL.
Vous m'en imposez donc?
MARTON.
C'est ma docilité,

D

Mon entier dévouement aux ordres de Madame,
Qui me perd.

M. DE LIMEUIL.

Vous ofez compromettre ma femme !

MARTON.

Je dis la vérité, fiez-vous à ma foi.

M. DE LIMEUIL.

Non, vous m'avez menti: vous n'êtes plus à moi.

A part.

Tout ceci cependant cache quelque myftère.
J'ai d'horribles foupçons....

MARTON.

Calmez votre colère.

Ecoutez moi, du moins.

M. DE LIMEUIL.

Parlez, je vous entends.

MARTON.

J'ai voulu l'arrêter, j'ai réifté longtems.
Elle n'écoutait rien, ni prières, ni plaintes :
Il a fallu céder, malgré mes juftes craintes....
Le malheur la pourfuit, fon cœur eft innocent.
Et l'on peut s'oublier dans un befoin preffant.
C'eft un moment d'erreur....

M. DE LIMEUIL, *douloureufement.*

Vous feule êtes coupable.

Et d'un pareil excès ma femme eft incapable.
Elle conferve encor des fentimens d'honneurs.

MARTON.

Il faut que je l'accufe & voila mon malheur.
Mais lorfque je ne puis vous cacher fa foibleffe,
Que l'arrêt foit dicté par la feule tendreffe.
Pardonner à fa femme eft-ce un fi grand effort,
Et ferez-vous, Monfieur, plus cruel que le fort ?

M. DE LIMEUIL, *de l'accent du défefpoir.*

Eloignez vous.... Sortez... Non, reviens malheureufe.
Achèves de combler ma deftinée affreufe.

(*Après un filence*).

Elle a perdu ?

DRAME.

(Marton , fait un signe d'approbation).
Combien ?

MARTON.

Soixante mille francs.

M. DE LIMEUIL.

Elle a tout oublié... Tout... Jusqu'à ses enfans!
Ah ! je t'arracherai de ce cœur qui t'adore.

(A Marton).

A de nouveaux hazards elle s'expose encore ?

(Même réponse de Marton).

Et s'armant contre moi de mes propres présens
Elle n'a plus de frein & perd ses diamans ?

MARTON.

Je le crains.

M. DE LIMEUIL.

C'est assez.

MARTON.

Peut-être ma maitresse....

M. DE LIMEUIL.

Eh , qu'en puis-je espérer à ce point de bassesse ?
Non , le coup est porté.

MARTON.

Monsieur...

M. DE LIMEUIL.

Retire-toi,

MARTON.

Non, je vous dois mes soins : permettez...

M. DE LIMEUIL.

Laisse-moi,

Laisse moi, je le veux.

MARTON, *sortant*.

Mon zèle est inutile ;
Mais je vais tout conter à Monsieur de Valville.

SCENE XIII.

M. DE LIMEUIL, *seul.*

Il faut donc renoncer à ma tranquilité!
Quand je creyais toucher à la félicité.
Le reveil est affreux après un pareil songe.
Le bonheur ici bas est prestige ou mensonge.....
C'est trop long tems souffrir, il faut prendre un parti
Et rompre, mais trop tard, un nœud mal assorti.
            (*Il se met à son secrétaire & écrit*).
L'excessive bonté dégénère en faiblesse
Et j'abjure à jamais l'amour & son ivresse.
                        (*Il écrit*).
Qui peut braver l'hymen, la nature & l'honneur ,
S'interdit à jamais mon estime & mon cœur.
                        (*Il ecrit*).
Elle vit pour jouer, elle n'aime personne.
Quels droits conserve-t-on sur ceux qu'on abandonne?
                    (*Il plie sa lettre*).
Pour elle je ne vois qu'un avenir affreux,
Et je l'ai condamnée.... Arrête. malheureux......
Non, j'ai suivi les loix de l'exacte justice,
Et si je l'épargnais. je serais son complice.
C'est porter le courage au dégré le plus haut ;
C'est le coup de la mort, mais je sens qu'il le faut.

SCENE XIV.

VALVILLE, M. DE LIMEUIL, ANGÉLIQUE.

ANGÉLIQUE.

MON père, calmez vous, & daignez nous entendre.

M. DE LIMEUIL.

Tout est fini pour moi.

ANGÉLIQUE.

C'est une fille.

VALVILLE.

Un gendre ,
Qui vous aiment tous deux.

M. DE LIMEUIL.

Ma fille, approchez vous ,
Vous allez de mes mains recevoir un époux.
Songez qu'à des devoirs la femme est asservie
Et que vous répondez du bonheur de sa vie.
C'est lui qui souffrirait de vos moindres erreurs.
Craignez les passions , redoutez leurs fureurs.
Egalité d'humeur, bonté , douceur, courage ,
Amour de l'ordre enfin , voila votre partage.
C'est des bords du tombeau, mes amis , que ma voix
Se fait entendre à vous , pour la dernière fois :
Le jour de votre hymen j'y descendrai peut-être....
Valville , chargez vous de rendre cette lettre.

VALVILLE.

Qu'avez-vous dit mon père ? Ah ! vous vivrez pour nous.
Peut on croire au bonheur , s'il n'est pas fait pour vous.

M. DE LIMEUIL.

Je ne tiens plus qu'à vous dans la nature entière.
Je finirai , sans peine , une triste carrière,
Si vous me promettez d'adopter mes enfans.

(*Angélique & Valville le serrent dans leurs bras*).
Des fautes de leur mère ils sont bien innocens.

Fin du second Acte.

ACTE III.

SCENE PREMIERE.

LE MARQUIS, *seul.*

MADAME de Limeuil se livre à ses alarmes....
On ne peut lui parler.... Servons nous de ses armes
Elle m'a plaisanté long tems hier au soir :
Je suis plaisant aussi, je le lui ferai voir.
Si je me suis trompé sur son inconséquence,
Je jouirai du moins d'un moment de vengeance.
Elle sçait que j'attens & m'enverra Marton ;
Alors j'aurai mon tour, je prendrai le grand ton.

SCENE II.

MARTON, LE MARQUIS.

MARTON, *effrayée.*

QUOI, vous ici, Monsieur ! Eh, qu'y venez vous faire ?
LE MARQUIS.
J'y viens, ma chère amie, arranger une affaire.
MARTON.
Oh, de grace, sortez.

LE MARQUIS.

   Ta maitreffe me doit
Et m'évite à préfent ? cela n'eft pas adroit.
Avec nos créanciers nous devons être honnêtes ;
Mais comme en tous les tems j'ai des reffources prêtes,
Je ne m'affecte pas d'une incivilité
Qui me fert tout au mieux. Je connais la bonté
De Monfieur.....

MARTON.

   Pourriez vous.... Non, je ne puis le croire.

LE MARQUIS.

Je vais tout fimplement lui conter mon hiftoire.

MARTON.

Quel infernal moyen avez vous trouvez-là ?

LE MARQUIS.

C'eft le plus court, Marton, pour finir tout cela.

MARTON.

Vous ne favez donc pas que toute la famille
Eft dans le défefpoir ? femme, époux, gendre, fille.
Chacun eft renfermé dans fon appartement
Et de vous préfenter ce n'eft pas le moment.

LE MARQUIS.

Vas toujours m'annoncer ; le mari doit m'entendre.

MARTON.

Il vous recevra mal.

LE MARQUIS.

  Bon !

MARTON.

   Il peut nous furprendre.

LE MARQUIS.

Eh, qu'importe ?

MARTON.

  Jugez, Monfieur, de fon courroux :
Il me chaffe. A ce trait le reconnaiffez-vous ?

LE MARQUIS.

Il a tort & je veux te rendre un bon office.
Je parlerai pour toi. Service pour fervice.
Allons, vas m'annoncer.

MARTON,
> Encore un coup , fortez :
> (*Il s'affied*).

Ayez pitié de nous. Quoi ! Monfieur , vous reftez ?

LE MARQUIS.
Tu prétens me chaffer , & moi je fuis tenace.
Quinze jours, s'il le faut, je refte a cette place.
Je prétends voir Monfieur ; j'y fuis déterminé.

MARTON, *à part.*
Ah ! fi j'ofais parler à cet homme obftiné,
Je lui dirais fon fait & j'aurais de quoi dire.
Ma prière , Monfieur.....

LE MARQUIS.
> Je ne peux y foufcrire.

MARTON, *à elle-même.*
Il faut toujours choifir le plus faible des maux.

LE MARQUIS.
Marton , ah ! je le vois, des principes moraux.

MARTON, *piqué.*
Je n'en fçais rien , Monfieur ; mais quoi qu'on en raifonne ,
Jamais, favante ou non, je n'ai perdu perfonne.
> (*A elle-même.*)

Oui , c'eft le moindre mal qu'il faut toujours choifir.
> (*Au Marquis.*)

Vous demandez Monfieur : Madame va venir.

SCENE III.

LE MARQUIS, *feul.*

MARTON m'a pénétré? je fens que ma folie
Portée au dernier point moi-même m'humilie.
On ne réfléchit pas quand on eft amoureux.
On ne connaît qu'un but ; on ne veut qu'être heureux,
Ne pourrais-je prévoir ayant autant d'adreffe ,

Que la légèreté n'exclut pas la fageffe. ...
Les remords, après tout, ne font pas de faifon.
Il fera toujours tems d'écouter la raifon.

S C E N E II.

LE MARQUIS, Madame DE LIMEUIL.

Mad. DE LIMEUIL.

Serait-il vrai, Monfieur. ...
   LE MARQUIS.
      Permettez, je **vous** prie,
Qu'on parle à votre époux. Cela vous contrarie,
Jufques à certain point ; mais j'y fuis obligé.
Il faut, fi je me tais, que mon bien engagé
Vous tire d'embarras, & la raifon m'arrête.
Pour l'exiger, d'ailleurs, vous êtes trop honnête.
   Mad. DE LIMEUIL.
Vous parlez de raifon & d'honnêteté ? ... Vous !
   LE MARQUIS.
On a des fentimens. ...
   Mad. DE LIMEUIL.
     Vous les méprifez tous,
Et votre cœur dément ce que dit votre bouche.
Des plus fimples vertus le détracteur farouche
Croit-il en impofer à ma fimplicité ?
Non, mes yeux font ouverts, & la crédulité
Qui m'a précipité dans le fond de l'abime,
Vous a feule livré votre trifte victime.
Oui. ...
   LE MARQUIS.
L'on n'arrange rien en tenant des propos.
   Mad. DE LIMEUIL.
Monfieur, point d'ironie & laiffons là les mots.
Rappellons le paffé, jugez votre conduite

Et de vos procédés voyez quelle est la suite.
De ma tranquillité votre cœur fut jaloux.
Vous m'avez dégradée aux yeux de mon époux.
Aux plus saints des sermens vous me rendez parjure.
Injuste envers les miens, & sourde à la nature,
Mon époux, mes enfans s'élèvent contre moi.
Et si jusques ici j'ai respecté ma foi,
Si je respire encore en perdant mon estime,
C'est que ce cœur navré n'est pas fait pour le crime,
Qu'il fait en repousser la honte & la noirceur,
Que vos efforts sont vains & que votre fureur
Trahit, à chaque instant, votre fatale adresse,
Me découvre le piège & soutient ma faiblesse,
Que la voix du remords suffit pour m'éclairer,
Et que l'on peut me perdre & non pas m'égarer.

LE MARQUIS.

Terminons, s'il vous plaît, ce brillant étalage.
Ce discours fastueux n'est pas fait pour cet âge.
Souffrez que j'en revienne à mon premier projet.
Demander mon argent est-ce encore un forfait ?
Faut-il sacrifier une somme aussi forte,
Près de cent mille francs, à quelqu'un qui s'emporte
Sans rime, ni raison, & veut de son malheur
Me rendre responsable ? Oh non, sur mon honneur,
Je fais beaucoup de cas d'une femme estimable,
Mais je voudrais au moins une vertu traitable,
Qu'on sçut se modérer & que l'on ne crut pas
Que l'on peut tout oser, quand on a des appas.

Mad. DE LIMEUIL.

Ah ! ce sont ces appas qui causent mon supplice.
L'argent vous tente peu.

LE MARQUIS.

Vous me rendez justice.

La fortune & ses dons ne m'ont jamais tenté,
Et je ne cède ici qu'à la nécessité.
Je passe chez Monsieur.

Mad. DE LIMEUIL.

Non pas, je vous arrête.

LE MARQUIS.

Sans doute vous avez une reſſource prête ?

Mad. DE LIMEUIL.

Je n'en connais aucune en ce moment d'horreur.
Je n'ai, pour vous toucher, que l'excès du malheur.

LE MARQUIS.

Un ſemblable moyen, Madame, eſt peu de choſe.

Mad. DE LIMEUIL.

On ne compâtit pas aux peines que l'on cauſe.
La mienne excite en vous le rire du méchant.

LE MARQUIS.

Moi, je vous plains beaucoup ; mais j'ai beſoin d'argent.

Mad. DE LIMEUIL.

Ah ! ſi je m'en croyais, homme ſans caractère....

LE MARQUIS, ſortant.

J'ai toujours évité les femmes en colère.

Mad. DE LIMEUIL, l'arrêtant.

Tu penſes m'échapper. Tu ne ſortiras pas.

LE MARQUIS.

La violence en eſt ?

Mad. DE LIMEUIL.

Je m'attache à tes pas.
Crains le juſte courroux d'une femme outragée.
Je n'ai qu'à dire un mot & je ſerai vengée,
Un ſeul mot te démaſque, & ta perverſité
Va paraître au grand jour.

LE MARQUIS.

Madame, en vérité....
Je n'entends pas du tout faire la guerre aux femmes,
Et je ſais que l'on doit pardonner tout aux dames.
(A part).
Du ſuccès de mes feux je commence à douter.
(Sortant).
Pourſuivons cependant.

Mad. DE LIMEUIL.

Avant que d'éclater,
Accordez un moment à mes vives allarmes....
Sais-je ce que je dis, jugez-en par mes larmes....

Je ne rougirai pas d'embraſſer vos genoux.
Voulez-vous immoler mon malheureux époux ?
Ah ! ce n'eſt pas pour moi que je demande grace.
Je ſaurai ſupporter ma honte & ma diſgrace ;
Mais que vous a-t-il fait pour lui donner la mort ?
Quel eſt ſon crime enfin ? ... j'ai des enfans, Monfort....
Du bien de l'orphelin l'honnéte homme eſt avare.
L'amour n'eſt-il en vous qu'un ſentiment barbare ?
Etes-vous un tyran, ſans honneur, ſans pitié,
Sacrifiant l'objet qu'il a déïfié ?
Non, vous ne pourrez pas, ſi vous aimez la mère,
Frapper du même coup les enfans & le père.
Leur ſort eſt dans vos mains, vous les ménagerez ;
Je ſuis ſeule coupable & vous m'épargnerez.

LE MARQUIS, à part.

La voix de la vertu ſe fait enfin entendre.
Mais Valville paraît, que lui vient-il apprendre ?

━━━━━━━━━━━━━━━━━━━━━━━━━━

SCENE V.

LE MARQUIS, Mad. DE LIMEUIL, VALVILLE.

VALVILLE.

Madame, revenez de votre accablement.
Je viens en effacer le triſte ſentiment.
Oubliez la journée....

Mad DE LIMÉUIL.

Hélas ! elle eſt affteuſe.

VALVILLE.

Vous la réparerez, vous êtes généreuſe.
Reprenez votre écrin.

Mad. DE LIMEUIL, revenant à elle.

Ah !.. Je l'avais perdu.

VALVILLE.

Et je l'ai retiré, si-tôt que je l'ai sçu.

Mad. DE LIMEUIL, *douloureusement.*

Ce service n'est rien.

VALVILLE.

Quoi.... Que voulez vous dire ?

Mad DÉ LIMEUIL.

Sçavez vous à quel point j'ai porté le délire ?

VALVILLE.

Il ne me convient pas de vous interroger.
Je vous respecte trop pour oser vous juger.

Mad. DE LIMEUIL.

Près de cent mille francs, perdus sur ma parole,
Vous dispensent, monsieur, de ce respect frivole.
Vos nobles sentimens déplacés, superflus......

VALVILLE.

Votre malheur, madame, est un titre de plus.
Peut-on sçavoir à qui vous devez cette somme ?

Mad. DE LIMEUIL *péniblement.*

A monsieur.

LE MARQUIS.

Et je l'ai gagné en galant-homme.

VALVILLE.

Cela peut-être vrai ; mais sans rien déguiser
Prenez garde, monsieur, qu'on pourrait supposer
A cette énorme gain quelque raison secrette.

LE MARQUIS.

Vous prétendez, monsieur......

VALVILLE.

La prudence m'arrête.
Je ne juge jamais sans de fortes raisons.
Je dirai seulement qu'il est des liaisons,
Dont les dangers sont clairs, qui n'honorent personne,
Et dont l'issue enfin ne sçaurait être bonne.
L'honnête homme, monsieur, peut jouer quelquefois ;
Mais il sçait se régler ; il respecte à la fois
De ses Concitoyens l'honneur & la fortune,
Loin de les égarer il plaint leur infortune

Il n'abufe jamais d'un moment de malheur,
Où pour le réparer il confulte fon cœur.
C'eſt à ces traits, monfieur, qu'on peut le reconnaître
Et qui penfe autrement, à mes yeux n'eſt qu'un traître,
Que l'on doit dénoncer à la fociété,
Comme ennemi des mœurs & de la probité.

LE MARQUIS.

Je n'imagine pas que ceci me regarde.
L'homme prudent, monfieur, jamais ne fe hazarde
A rifquer l'équivoque, à parler fur un ton,
Que l'on ne fouffre pas, quand on porte un grand nom.

VALVILLE.

Je refpecte un grand nom ; mais quand on en eſt digne,
Un vain titre flétri me revolte & m'indigne
Et fuffiez-vous iffu du fang des demi-Dieux,
Vous trahiffez, monfieur, cette foule d'ayeux,
Lorfque vous ourdiffez une odieufe trâme,
Dont le fuccès dépend des larmes d'une femme.
Vos menaces, d'ailleurs, ne peuvent m'étonner.
Dès long-tems la raifon m'apprit à dédaigner
Ces réputations par l'audace ufurpées,
Qui traînent leur mérite au bout de leurs épées.

LE MARQUIS.

Vous m'infultez, monfieur, vous m'en ferez raifon.

VALVILLE.

Oui. Mais il faut d'abord, de cette trahifon,
Vous laver, affurer le repos de madame.
Nous différons un peu. Quand vous naviez fon âme,
C'eſt fon intérêt feul qui m'arme contre vous,
Et je défens ici fes droits & fon époux.

Mme DE LIMEUIL, à *Valville*.

Vous ne fortirez pas. Que prétendez vous faire ?
Au deftin qui m'attend, croyez vous me fouftraire ?
Il veut vous immoler, ce font là fes plaifirs....
Je ne mérite pas un feul de vos foupirs.
Confervez votre fang dont une autre eſt jaloufe :
Vous ne me devez rien, vivez pour votre époufe,
Laiffez-moi mourir feule, & ne m'expofez pas
A pleurer fur un fils expirant dans mes bras.

VALVILLE *au Marquis.*

Finiffons. Vous avez des billets ?

LE MARQUIS.

Mais..... j'efpère

Que la précaution eft affez néceffaire.

VALVILLE.

De femblables billets font profcrits par la loi ;
L'honneur les reconnaît & c'eft affez pour moi :
Son intérêt facré fe réunit au vôtre.

(Bas).

Arrangeons cette affaire , et nous finirons l'autre.
Avez-vous les effets ?

LE MARQUIS.

Non , je les ai laiffés,

En paffant à l'hôtel.

VALVILLE.

Quant à vos débourfés

Je les payerai comptant ; c'eft je crois peu de chofe.
Pour le reft:, voici ce que je vous propofe :
De folder en quatre ans & j'engage mon bien ;
Mais à condition que vous n'en direz rien.

Mad. DE LIMEUIL *tranfportée de joie.*

Ah ! je bénis le jour qui vous joint à ma fille !
Vous confervez la vie à toute une famille....
Vous êtes mon fauveur , ... Vous me rendez l'efpoir.

VALVILLE.

Obliger fes parens , madame , eft un devoir.
(au Marquis)
Eh bien, confentez vous ?....

LE MARQUIS.

Non, monfieur ; la prudence

Me permet tout au plus , dans cette circonftance ,
D'accorder quatre jours.

(Monfieur de Limeuil , retombe fur fon fiege)

VALVILLE.

L'effort eft généreux !

C'eft votre dernier mot. ?

LE MARQUIS.
                              Jamais je n'en ai deux.
VALVILLE.
Puifque mon amitié ne peut fauver Madame,
Soyez témoin du coup qui va lui percer l'ame.
    (*Bas.*)
Nous nous verrons après.
                    LE MARQUIS.
                              Je l'entends bien ainfi.
          VALVILLE, *peiné.*
Un pénible devoir m'avait conduit ici.
Et j'ai conçu d'abord la flatteufe efpérance
D'appaifer votre époux, de garder le filence...
Puifque Monfieur l'exige, il faut enfin parler.
Il ne m'eft plus permis que de vous confoler.
L'arrêt eft prononcé. Recevez cette lettre....
C'eft Monfieur de Limeuil qui vous la fait remettre.
Mad. DE LIMEUIL, *lit, laiſſe tomber la
    lettre, en jettant un cri.*
Ah ! Mon Dieu !
                    VALVILLE.
                    Quel deftin ! fans doute il eft affreux,
Et nous partageons tous fon état douloureux.
    (*Au Marquis.*)
Prenez, monfieur, lifez, & voyez votre ouvrage,
        LE MARQUIS, *lifant bas d'abord.*

° . . . .
» Je vous livre au mépris, qu'il foit votre partage.
» Je ne veux plus vous voir : oubliez un époux,
» Qui, fans regrets enfin, fe fépare de vous.
» Je garde vos enfans. Votre indigne faibleffe
» Ne vous permettrait pas d'élever leur jeuneffe.
» Subiffez votre fort, reconnaiffez mes droits,
» Et ne me forcez pas à recourir aux loix.
                              (*Il rêve.*)
        Mad. DE LIMEUIL, *fanglotant.*
Je me foumets aux coups de fa jufte colère :
Mais qu'il me laiffe au moins la douceur d'être mère.

                              LE MARQUIS,

LE MARQUIS, *rendant la lettre à Valville & lui prenant la main.*

Je vais jufques chez moi ; je reviens à l'inftant
Terminer avec vous un double arrangement.

SCENE VI.

VALVILLE, Mad. DE LIMEUIL.

Mad. DE LIMEUIL, *d'une voix étouffée.*

L'ARRÊT eft prononcé... Je fuis abandonnée..
Avant que de fubir ma trifte deftinée,
Valville, en ma faveur élevez votre voix.
Que je le voie encor pour la dernière fois.
(Valville, fort).

SCENE VII.

Madame DE LIMEUIL, *feule.*

A QUEL point, jufte ciel, je me fuis avilie !
Le meilleur des humains lui même m'humilie !
Il ne veut plus me voir, il m'ôte mes enfans,
Il doute de mon cœur... A la fleur de mes ans
Je fuis déshonorée et je ne puis m'en plaindre...
Partifans des plaifirs, voyez mes jours s'éteindre.
Voyez-moi fuccomber fous le poids du malheur,
Que mon exemple enfin diffippe votre erreur.

E

SCENE VIII.

Monsieur & Mad. DE LIMEUIL.

M. DE LIMEUIL.

JE ne m'attendais pas que votre indifférence,
Madame   en ce moment defirat ma préfence.
Quand aux revers du fort on eft accoutumé,
Le refte affecte peu. Qu'un époux allarmé
Par de honteux écarts confulte fa prudence,
Que fes droits méconnus excitent la vengeance.
Tout cela faiblement doit vous intérefler ;
Mais j'ai pris mon parti, vous devez le penfer.
Vou défirez enfin & me voir & m'entendre.
A vos derniers defirs j'ai bien voulu me rendre.

Mad. DE LIMEUIL.

A mes derniers defirs, cruel. qu'avez vous dit ?
Tout efpoir de retour m'eft-il donc interdit ?
Pouvez vous arracher des enfans à leur mère ?
Vous devez me haïr ; mais vous êtes leur père.

M. DE LIMEUIL.

Oui je le fuis toujours, je vous le prouverai.
A vos féductions je les déroberai.
Vous, de former des cœurs vous vous croyez capable !
Rappellons les excès donc vous êtes coupable.
Vos regrets fimulés ont attendri mon cœur :
Au moment du pardon, votre aveugle fureur
A de nouveaux hazards vous expofait encore,
Le deftin vous accable & votre époux l'ignore.
Le plus doux fentiment l'amène auprès de vous ;
Vous l'en récompenfez en jouant vos bijoux.
Vous trompez fon amour par de vils artifices.
Et parmi vos valets vous cherchez des complices.
Qui peut trahir ainfi fon honneur, fon devoir,

N'eſt pas fait pour connaitre un noble deſeſpoir.
On ne m'abuſe plus, Madame, avec des larmes.
Je ſçais apprécier vos remords, vos allarmes :
Ils m'ont couté trop cher pour me ſéduire encor.
Et je les calmerais en vous montrant de l'or.
Allez & livrez-vous à votre frénéſie.
Mais n'attendez plus rien de votre hypocriſie.

Mad. D E L I M E U I L.

Ainſi vous ſoupçonnez juſques à ma candeur !...
Quand ma tendre amitié ménageait votre cœur,
Ne pleurait que ſur vous, vous épagnait des peines,
Votre injuſte ſoupçon vient ajouter aux miennes.
Je ſuis faible, Monſieur ; mais je ne peux tromper,
Et dans l'inſtant cruel où je me ſens frapper,
Ou le plus ſaint des nœuds à ma honte ſe briſe,
Vous allez me connaître & juger ma franchiſe.
J'ai joué mes bijoux & je les ai perdus.
Par Monſieur de Valville ils m'ont été rendus.
Je dois cent mille francs, cet ami me conſole
Et veut avec ſon bien dégager ma parole.
Le Marquis le refuſe, il brave le danger :
Pour mes ſeuls intérêts ils vont s'entr'égorger.
Prévenez un forfait, arrêtez votre gendre :
A vos ordres peut-être il daignera ſe rendre.

M. D E L I M E U I L.

Qu'entens-je !... Hola, quelqu'un.... Valville eſt-il ici ?
Valville.... mon enfant.

SCENE IX.

LES PRÉCÉDENS, VALVILLE, ANGÉLIQUE.

VALVILLE.

Mon père, me voici,

M. DE LIMEUIL.

Prêt d'aller à l'autel, pouvez-vous entreprendre. . . .
Vous ne fortirez pas. . . j'ofe vous le défendre.
Ménagez Angélique & fon cœur & fes droits :
Qu'ils impofent filence à vos farouches loix.
C'eft affez, qu'au moment d'un fi doux hymenée,
Il me faille pleurer fur cette infortunée.

SCENE X, ET DERNIERE.

LES PRÉCÉDENS, LE MARQUIS,
Dans le fond du Théâtre.

ANGÉLIQUE.

Ne penfons plus, mon père, notre plus heureux moment :
Tout l'éloigne à la fois. Votre état alarmant,
Le danger de Monfieur. les peines de ma mère,
Et la décence enfin veulent que l'on diffère
Un jour, qui fans partage appartient au bonheur.
Celui qui nous éclaire eft fait pour la douleur.
Diffipez avant tout ce préfage funefte ;

Cédez à mes defirs, mon cœur fera le refte.
                    (*Lui rendant fon contrat de mariage.*)
Je vous remets vos dons, ils font tous annulés.
Qu'ils acquitent Madame & mes vœux font comblés.
Le tems, l'économie & votre expérience
Releveront vos biens, & par notre conftance
Nous atendrons enfin, fans peine, & fans effort,
Le moment précieux de fixer notre fort.
Notre félicité n'affligera perfonne
Et le bonhenr commun formera ma couronne. (*)
                    M. DE LIMEUIL.
A de pareils moyens je ne peux recourir.
Le mal eft fans remède. Il faut laiffer fouffrir
Ceux qui l'ont mérité. Ce nobie facrifice,
Si je l'autorifais ferait une injuftice :
Jamais à votre père on n'en put reprocher.
De vous unir ce foir rien ne doit l'empêcher :
Il fuivra fon projet & fon cœur équitable
Ne facrifiera pas l'innocent au coupable.
                    L E M A R Q U I S, *s'approchant.*
Je n'y réfifte plus, il faut enfin parler.
Ses fautes font de moi, je dois le réveler.
Elle coupable ! non. Madame ne peut l'être.
A vos yeux prévenus elle a du le paraître ;
Mais l'apparence abufe & vous en conviendrez
Facilement, Monfieur, quand vous me connaîtrez.
De vos communs malheurs l'amour eft l'origine.
Mon aveugle penchant prépara fa ruine.
J'ai connu fa faibleffe & je l'ai fait jouer.
J'attendais le moment, j'ofe vous l'avouer,
Où la raifon s'égare, où le malheur la dompte.
Mes perfécutions n'ont tourné qu'à ma honte.
Je rougirais ici de mes lâches efforts,
Si l'on ne s'honorait en réparant fes torts.
Recevez fes billets, que je crains de lui rendre.
C'eft de vos mains, Monfieur, qu'elle doit les reprendre.

____

(1) Allufion au chapeau de mariée.

M. de Limeuil, refuse les billets, le Marquis les déchire.

Et puiſſent mes regrets, mes pénibles aveux
Dans le ſein de la paix vous réunir tous deux,
Vous faire de l'hymen gouter encor les charmes.
Oubliez le paſſé , pardonnez moi ſes larmes,
Si vous m'en croyez digne & ſi vous le pouvez.
Rendez lui votre eſtime & vous la lui devez.

ANGÉLIQUE.

Vous ne punirez pas une erreur paſſagére.
Son cœur eſt innocent ; pardonnez-lui, mon pere.

VALVILLE, *à M. de Limeuil.*

Vous pouvez d'un ſeul mot faire bien des heureux.
Je tombe a vos genoux.

ANGÉLIQUE, *à genoux.*

Nous y ſommes tous deux.

LE MARQUIS.

Je lis dans votre cœur ; il brule de ſe rendre.
Sa bonté vous trahit ; pourquoi vous en défendre ?

M. DE LIMEUIL.

Qu'on déſarme aiſément l'époux qui s'attendrit !
Oui , l'on peut oublier les fautes de l'eſprit.
Je ſens qu'il eſt cruel de frapper ce qu'on aime ,
Et qu'en lui pardonnant on fait grace à ſoi même.
Ne penſons plus aux maux que nous avons ſoufferts.
Viens , mon cœur & mes bras te ſont toujours ouverts.

(*Mad. de Limeuil, ſe jette dans ſes bras*).

LE MARQUIS.

Mais il me reſte encor quelqu'un à ſatifaire.

(*A Valville*).

Vous avez fait, Monſieur, ce que vous deviez faire.
Fidèle à la nature & ſenſible à l'honneur,
Ces ſentimens en vous trouvent un défenſeur :
Un triomphe odieux n'a plus rien qui me tente.
Je reſpe te un bon fils , je ménage une amante.
Nous ne ſommes pas fait pour reſter ennemis ,
Et vous me compterez au rang de vos amis.

VALVILLE.

Vous m'avez prévenu : je veux être le vôtre.
Et ce noble retour vous aſſure du notre.

M. DE LIMEUIL, *au Marquis.*
Le mariage fait, Monfieur, nous compterons.
Je vois avec plaifir que nous nous aimerons.
Vos derniers procédés font d'une homme eftimable.
(*A Madame de Limeuil*).
Puiffe ce jour d'épreuve, à jamais mémorable.
Être toujours préfent à votre fouvenir.
Que ce jour de douleur vous faffe enfin fentir,
Qu'il faut à la vertu joindre encor la prudence,
Qu'on fe perd à jamais par une inconféquence ,
Qu'un fiecle féduifant diftille le poifon,
Qu'on ne peut s'en fauver qu'a force de raifons,
Qu'on fuccombe fouvent a fa coupable adreffe,
Et qu'il confond toujours le crime & la faibleffe.

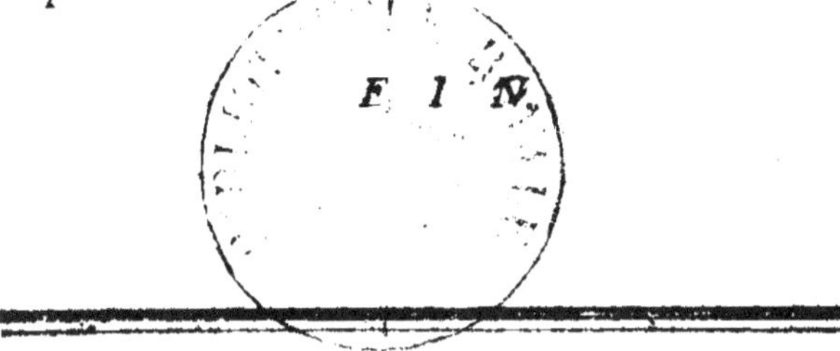

Lu & approuvé. A Paris le 25 Mai 1789.
S U A R D.

Vu l'approbation , permis d'imprimer. A Paris ,
ce 27 Mai 1789.   **DECROSNE.**

De l'Imprimerie de C A I L L E A U, l'un des
Imprimeurs-Électeurs de la Ville, rue Galande.

fin

9 782329 694580